교육과 학습을 지원하는 생성형 인공지능

인공지능총서

인공지능 시대입니다. 기계가 인간의 인지를 대신하고, 사물이 인간을 통하지 않고 다른 사물과 직접 커뮤니케이션합니다. 이에 따른 인간 삶과 문명 변화를 정확히 이해·예측·대응하는 것은 이 시대 우리 모두의 과제입니다. 인공지능총서는 인공지능 기술과 환경의 여러 주제를 10가지 키워드로 정리합니다. 관련 개념과 이론, 학계와 산업계의 쟁점, 우리 일상의 변화를 다룹니다. 인간과 기술의 현재, 미래를 세심히 분석합니다.

일러두기

- 인명, 작품명, 저서명, 개념어 등은 한글과 함께 괄호 안에 해당 국가의 원어를 병기했습니다.
- 외래어 표기는 현행 어문규정의 외래어표기법을 따랐습니다. 다만 '딥러닝', '딥마인드', '딥페이크' 등은 관행을 따랐습니다.

처음이세요?

전문가세요?

교육과 학습을 지원하는 생성형 인공지능

이웅기

대한민국, 서울, 커뮤니케이션북스, 2024

교육과 학습을 지원하는 생성형 인공지능

지은이 이웅기
펴낸이 박영률

초판 1쇄 펴낸날 2024년 9월 23일

커뮤니케이션북스(주)
출판 등록 2007년 8월 17일 제313-2007-000166호
02880 서울시 성북구 성북로 5-11
전화(02) 7474 001, 팩스(02) 736 5047
commbooks@commbooks.com
www.commbooks.com

ISBN 979-11-288-2828-7 03500

책값은 뒤표지에 표시되어 있습니다.

차례

챗지피티로 촉발된 생성형 인공지능의 교육적 활용

2022년 11월, 미국의 인공지능 연구 기관인 오픈에이아이(OpenAI)가 챗지피티(ChatGPT)를 출시한 이후 생성형 인공지능(generative AI, GenAI)에 대한 관심이 폭발적으로 증가했다. 챗지피티는 사용자의 질문에 대해 인간과 유사한 수준의 답변을 제공할 수 있는 능력을 보여주었다.

사실 챗지피티 같은 생성형 인공지능은 갑자기 등장한 것이 아니다. 2017년 구글의 트랜스포머(Transformer)라는 딥러닝 모델의 구조가 공개된 이후 생성형 인공지능 분야는 급격하게 발전하기 시작했다. 트랜스포머를 활용한 생성형 인공지능 중 주목할 만한 사례는 GPT-3(Brown et al., 2020)다. 오픈에이아이는 2020년 GPT-3라는 생성형 인공지능을 개발했다. 이 인공지능은 대중들에게는 많이 알려지진 않았지만, 인공지능 연구자들에게는 큰 충격을 주었다.

GPT-3는 1800억 개의 파라미터(parameter)라는 엄청

나게 큰 규모로 개발되었다. 여기서 파라미터는 인간의 뇌에 비유하자면 뉴런이라고 생각할 수 있는 단위다. 이렇게 큰 규모로 모델을 만들었을 때, 기존 인공지능 모델에서 볼 수 없던 다양한 능력이 발현되었다. GPT-3 이전의 인공지능 모델은 특정한 과제를 해결하기 위해 특별하게 고안된 데이터와 추가적인 훈련 과정이 필요했다. 과제 해결을 위해 데이터에 사람이 일일이 라벨을 붙이고 다시 훈련하는 방식이 필요했는데, 이 과정에서 많은 시간과 노력이 요구되었다.

그러나 GPT-3는 별도의 훈련이나 튜닝이 필요하지 않았다. GPT-3는 텍스트를 생성하는 것이 주된 능력이었지만, 분류 · 추론 · 이해 등 자연어 처리(natural language processing, NLP) 분야에서 다른 모델들을 압도하는 모습을 보여 주었다.

미국의 스탠퍼드대학교 연구팀은 GPT-3와 같이 사회에 큰 파급력을 줄 수 있는 인공지능 모델을 기반 모델(foundation model)이라 명명했다(Bommasani et al., 2021). 필자는 당시 기반 모델이라는 용어는 아직까지 너무 이른 용어이지 않는가라고 생각했다. 그러나 챗지피티가 등장한 이후 시점에서 보면, 스탠퍼드대학교 연구팀의 혜안이 놀랍다고 생각된다.

챗지피티의 등장 이후, 산업계를 포함한 다양한 영역에서 생성형 인공지능에 대한 관심이 커지고 있다. 생성형 인공지능이 문서 작업이나 코딩 영역에서의 급격한 생산성 향상을 가져온다는 긍정적인 인식이 확산되고 있다. 한편, 이러한 생산성 향상이 결국은 인간 종사자를 대체하는 방향으로 가는 것이 아닌가라는 우려 섞인 시선도 존재한다.

교육 분야에서도 생성형 인공지능이 가져올 변화에 대한 기대와 우려가 동시에 제기되고 있다(Adeshola & Adepoju, 2023). 생성형 인공지능이 개인화 학습, 자동 평가, 인공지능 튜터 등의 역할을 하며 교육과 학습을 촉진할 수 있을 것이라 기대하는 사람들도 있지만, 교사의 역할을 대체하는 것이 아닐까라고 우려하는 사람들도 존재한다. 그러나 이미 생성형 인공지능의 급격한 확산으로 이는 거스를 수 없는 큰 흐름이 되었으며, 교육과 학습 분야에 어떠한 방식으로든 사용될 것이다.

챗지피티의 등장은 단순히 새로운 기술의 출현 그 이상의 의미를 지닌다. 이는 교육의 본질과 방법에 대한 근본적인 질문을 제기했다. 학생들이 언제든 접근 가능한 강력한 인공지능 도구가 존재하는 상황에서, 우리는 무엇을 어떻게 가르쳐야 할까?

챗지피티를 비롯한 생성형 인공지능은 교육 현장에 다양한 가능성을 제시한다. 개인화된 학습 경험 제공, 즉각적인 피드백, 24/7 학습 지원 등이 그 예다. 학생들은 인공지능과의 대화를 통해 복잡한 개념을 이해하고, 새로운 아이디어를 탐색하며, 창의적 사고를 확장할 수 있다. 교사들 역시 인공지능을 활용해 수업 준비 시간을 줄이고, 더 효과적인 교육 자료를 만들 수 있다(Tlili et al., 2023).

이러한 가능성과 함께 우려의 목소리도 커지고 있다. 인공지능이 제공하는 정보의 정확성과 신뢰성, 학생들의 비판적 사고력 저하 가능성, 표절 문제 등이 주요 쟁점으로 떠올랐다. 또한, 인공지능에 대한 과도한 의존이 인간 고유의 창의성과 공감 능력을 약화시킬 수 있다는 우려도 제기된다(Kasneci et al., 2023).

이러한 상황에서 교육계는 생성형 인공지능을 어떻게 받아들이고 활용할 것인지에 대한 진지한 고민을 시작했다. 일부 교육 기관은 생성형 인공지능 사용을 전면 금지하는 정책을 도입했지만, 점차 많은 기관들이 인공지능을 교육 과정에 통합하는 방안을 모색하고 있다. 인공지능 리터러시 교육의 중요성이 강조되고, 인공지능과 협력해 학습하는 방법을 가르치는 새로운 교육 패러다임이 등장하고 있다.

챗봇의 한계를 넘어서서

챗지피티의 성공은 생성형 인공지능 자체의 뛰어난 성능과 더불어 챗봇형 인터페이스가 큰 역할을 했다. 이미 많은 사람들은 카카오톡이나 라인과 같은 대화형 SNS 서비스에 익숙해져 있으므로 특별히 적응하는 데 큰 어려움을 겪지 않았을 것이다.

그러나 챗봇형 인터페이스가 많은 사람들이 편하게 접근하는 데 큰 역할을 하기도 했지만, 사람들의 사고를 제약하기도 했다. 챗지피티 이후 등장한 수많은 상업용 서비스들이 챗봇형 인터페이스를 기반으로 했다는 점이 이를 반증한다고 할 수 있을 것이다.

교육 연구 분야도 마찬가지다. 최근 연구되고 있는 많은 생성형 인공지능 기반의 교육 연구들은 생성형 인공지능을 챗봇으로 활용하려는 시도가 대다수다. 챗봇을 통해서 개인화 학습을 하려 하거나 챗봇에게 어떻게 질문을 잘해야 하는지에 대해 연구하려는 시도들이 많다. 기존 교육 연구와 실제를 비교할 때, 이는 자연스럽지 못하다. 오히려 챗봇형 인터페이스에 교육과 학습을 맞추려 한다는 생각이 들기도 한다.

이러한 현상은 어찌 보면 당연하다고 할 수 있는데, 일반 사용자의 입장에서는 챗지피티와 같은 챗봇형 서비스 외에 직접 사용해 볼 수 있는 서비스가 드물기 때문이기도 하다.

그러나 생성형 인공지능을 이용해 연구를 하거나 개발을 하는 입장에서 볼 때, 생성형 인공지능은 챗봇 외에 다양한 형태로 활용될 수 있는 잠재력이 있다. 원유(原油)가 휘발유나 경유 같은 연료로 쓰이는 것 외에도 플라스틱이나 식품 등의 각종 산업군에서 쓰이는 것처럼, 생성형 인공지능도 이를 정제하고 가공해 다양한 영역에 사용할 수 있다.

최신의 생성형 인공지능은 대부분 텍스트로 된 프롬프트(prompt)를 입력하고 그에 대한 답변을 받는 형태로 사용된다. 그러나 실제로는 생성형 인공지능은 입력된 프롬프트에 이어질 말을 생성하는 형태로 작동한다. 즉, 이전의 프롬프트를 어떻게 제공하는지에 따라서 매우 다양한 형태로 사용할 수 있다. 특히, 인간의 지시를 이해해 원하는 방향으로 제어할 수 있다는 점에서 그 활용도가 매우 높아진다.

특히, 한 번의 생성형 인공지능 사용에 그치지 않고 이를 마치 체인(chain)처럼 연쇄적으로 사용해, 생성형 인공지능의 성능을 강화하거나 매우 복잡한 절차의 일을 수행하도록 지시할 수도 있다. 예를 들어, 지금 계절에 가장 어울리는 옷을 구매해 달라고 요청하면 생성형 인공지능은 기상청을 통해 지금이 어떤 계절인지 파악할 것이다. 이때 기상청의 API(application protocol interface)를 요청하는 도구(tool)를 실행시키는 형태로 이를 파악할 수 있다. API는 프로그램을 사용하기 위한 일종의 약속이며, 주로 정해진 형태로 검색어를 만들어서 프로그램에 요청하는 형태로 이루어진다. 이를 바탕으로 지금 계절에 어떤 옷이 어울리는지 생성할 수 있을 것이다. 이후 생성된 옷을 구매하기 위해 가장 적절한 키워드를 중심으로 검색어를 생성할 것이다. 이 생성어를 쇼핑몰 사이트에 보내 거기서 나오는 추천 옷 리스트를 확인하고 이를 사용자에게 다시 반환해 어떤 옷이 마음에 드는지 선택하도록 요청할 것이다.

챗지피티를 유저 입장에서 사용했다면 이것이 어떻게 가능한지 의문이 들 수 있다. 그러나 생성형 인공지능을 연쇄적으로 사용하는 기법과 생성형 인공지능이 도구를 사용할 수 있는 능력을 활용한다면 충분히 기술적으로 가능한 시나리오이며, 이미 많은 서비스 업체에서 이 방법을 상업화하기 위해 노력하고 있다. 현재는 기술적 실현 가능성에 대한 의심은 거의 없으며, 오히려 생성형 인공지능 사용 비용 절감과 사용자 경험 개선이 업체들의 주요 과제다.

이처럼 생성형 인공지능은 단지 챗봇으로 활용하기에는 너무 많은 가능성을 내포하고 있으며, 교육 분야에서도 생성형 인공지능을 챗봇 외의 방법으로 다양하게 활용할 필요가 있다.

이 책의 구성

이 책은 생성형 인공지능의 교육적 활용에 대해 포괄적으로 다루며, 챗봇의 한계를 넘어선 다양한 응용 가능성을 탐구한다. 첫 번째 장에서는 자동 평가 시스템(automatic assessment system, AAS)에 대해 다룬다. 이 장에서는 생성형 인공지능을 활용한 자동 평가 시스템의 최신 연구를 소개하고, 텍스트뿐만 아니라 이미지와 음성 등 멀티모달(multimodal) 평가에 대해 논한다.

두 번째 장에서는 자동 문제 생성(automatic question generation, AQG)에 대해 살펴본다. 이 장에서는 생성형 인공지능을 활용한 자동 문제 생성의 최근 사례를 분석하고, 개인화된 문제 생성과 멀티모달 문제 생성 등 미래 발전 방향을 제시한다.

세 번째 장에서는 생성형 인공지능 기반의 챗봇에 대해 탐구한다. 생성형 인공지능을 활용한 챗봇 기술의 최신 동향과 교육적 활용 가능성을 다루며, 이를 통해 학생들에게 제공할 수 있는 맞춤형 학습 경험을 논의한다.

네 번째 장에서는 교육과 학습에 정렬(alignment)된 언어 모델(language model, LM)에 대해 소개한다. 정렬이란 언어 모델이 특정한 목적(주로 인간 선호 여부)에 맞게 언어를 생성하도록 훈련하는 기법을 의미한다. 교육 목적에 맞춘 언어 모델의 개발과 활용 사례를 통해, 언어 모델이 학습자들에게 어떻게 최적화될 수 있는지 살펴본다.

다섯 번째 장에서는 대형 언어 모델(large language model, LLM) 기반의 에이전트 기술을 다룬다. 가상 현실과 메타버스 환경에서의 학습 경험을 제공하는 데 에이전트 기술이 어떻게 활용될 수 있는지를 논의한다.

여섯 번째 장에서는 생성형 인공지능을 활용한 자동화된 교수 설계(instructional design, ID)를 소개한다. 생성형 인공지능이 교수 설계 과정에서 어떻게 활용될 수 있으며, 이를 통해 교육의 효율성과 효과성을 어떻게 향상시킬 수 있는지 살펴본다.

일곱 번째 장에서는 창의성 촉진 도구로서의 생성형

인공지능을 탐구한다. 창의적 문제 해결(creative problem solving, CPS) 과정에서 생성형 인공지능이 어떻게 활용될 수 있으며, 학생들의 창의성을 어떻게 촉진할 수 있는지 다양한 사례를 통해 논의한다.

여덟 번째 장에서는 영상 생성 인공지능(video generation AI)의 교육적 활용에 대해 다룬다. 영상 생성 인공지능은 최근 급격하게 발전하는 분야다. 아직 초기 단계인 영상 생성 인공지능의 현재와 교육적 활용 가능성을 살펴보고, 개인화된 학습 영상 제공을 통한 학습 효율성 향상 방안을 제시한다.

아홉 번째 장에서는 생성형 인공지능 기반 로보틱스의 교육적 활용을 논의한다. 최근 로보틱스 분야에서는 생성형 인공지능을 접목한 로봇에 대한 연구가 급격히 발전하고 있다. 이에 따라, 로봇과 생성형 인공지능의 결합이 교육 현장에 미치는 영향을 분석하고, 이를 통해 제공할 수 있는 혁신적인 학습 경험을 소개한다.

마지막으로 열 번째 장에서는 생성형 인공지능의 윤리적 활용에 대해 다룬다. 교육 분야에서 생성형 인공지능의 활용에 따른 윤리적 문제와 해결 방안을 논의하며, 윤리적 인공지능 활용을 위한 미래 전망을 제시한다.

이 책을 통해 생성형 인공지능의 교육적 활용에 대한

이해를 넓히고, 이 기술이 교육 현장에서 어떻게 활용될 수 있는지에 대한 다양한 시각을 제공하고자 한다. 이는 생성형 인공지능을 교육과 학습에 활용하고자 하는 분들에게 유익한 지침서가 될 것이다.

참고문헌

Adeshola, I., & Adepoju, A. P.(2023). The opportunities and challenges of ChatGPT in education. *Interactive learning environments*, 2023, pp.1-14.

Bommasani, R., et al.(2021). On the opportunities and risks of foundation models. *arXiv preprint arXiv:2108.07258.*

Brown, T., et al.(2020). Language models are few-shot learners. *Advances in neural information processing systems*, 33, pp.1877-1901.

Kasneci, E., et al.(2023). ChatGPT for good? On opportunities and challenges of large language models for education. *Learning and individual differences*, 103, 102274.

Tlili, A., et al.(2023). What if the devil is my guardian angel: ChatGPT as a case study of using chatbots in education. *Smart learning environments*, 10(1), pp.1-24.

01
자동 평가 시스템과 생성형 인공지능

서술형 평가는 객관식 평가를 넘어서서 학습자의 다층적인 인지 능력을 평가할 수 있는 유용한 도구지만, 기존에는 숙련된 교사들이 많은 시간을 투자해야만 했다. 생성형 인공지능의 등장 이후 인간 교사와 비슷한 수준으로 자동 평가 시스템을 개발할 수 있는 길이 열렸다. 본 장에서는 생성형 인공지능을 활용한 자동 평가 시스템의 최신 연구에 대해서 소개한다. 아울러 텍스트 외에 다른 모달리티의 평가를 자동화할 수 있는 방안에 대해서도 논한다.

생성형 인공지능을 활용한 자동 평가 시스템

서술형 평가는 학습자의 다층적인 인지 능력을 평가할 수 있는 유용한 도구다. 그러나 서술형 문제를 평가하기 위해서는 숙련된 교사들의 노력과 시간이 필요하다. 이러한 현실적 제약으로 인해 서술형 평가는 그동안 객관식 평가의 보조 수단으로 활용되고 있었다(Gao et al., 2024).

평가를 자동화하려는 시도는 지속적으로 있어 왔다. 이러한 분야의 연구를 자동 평가 시스템이라 한다. 이때 서술형 평가에 초점을 맞춘 자동 평가 시스템은 자동 서술형 평가 시스템(automatic essay scoring, AES)이라고 하기도 한다.

자동 서술형 평가 시스템의 과거 연구들은 통계적인 기법을 활용하는 경우가 많았다. 란다우어, 카코넨과 수티넨은 텍스트의 의미와 단어 간의 관계를 기반으로 텍스트 간의 의미적 유사성을 비교하는 잠재 의미 분석(Latent Semantic Analysis, LSA)을 포함한 통계 기법들을 사용해, 에세이 내용과 코스 자료 간의 의미적 유사성을 비교하는 방법으로 자동 서술형 평가 시스템을 개발했다(Landauer, 2003; Kakkonen & Sutinen, 2004). 그러나 통계 기반 모델들은 상대적으로 낮은 정확도와 새로운 도메인에 적용할 때 시스템을 새로 설계해야 한다는 문제로 인해 다양한 분야에 적용되기 어려웠다.

이러한 문제를 해결하기 위해 딥러닝 기반의 방법론도 사용되고 있었다. 베세이소와 동료들(Beseiso et al., 2021)은 딥러닝 기반 사전 학습 언어 모델(pre-trained language model, PLM)인 버트(bidirectional encoder representations from transformer, BERT)를 에세이 평가 데이터로 미세 조정(fine-tuning)한 자동 서술형 평가 시스템을 개발했다. 그러나 버트와 같은 언어 모델을 미세 조정하기 위해서는 원하는 값이 나오도록 모델 데이터에 일일이 라벨을 붙여 주어야 한다. 예를 들어, 특정 문제가 오류가 있는지 없는지 자동으로 분류해 주는 모델을 만들기 위해서는 각 문제가 오류가 있고 없음에 대한 라벨을 사람이 각각 붙여 주어야 한다. 이 과정에서 많은 자원이 소모된다.

최근 생성형 인공지능, 특히 챗지피티와 같은 대형 언어 모델의 놀라운 성능은 이전 연구들의 문제를 손쉽게 해결할 수 있는 가능성을 보여 주고 있다. GPT-3 이후의 대형 언어 모델은 대량의 텍스트 뭉치인 코퍼스(corpus)로 사전 훈련(pre-trained)되어 있다. 사전 훈련된 대형 언어 모델은 입력되는 테스트인 프롬프트(prompt)만으로 미세 조정된 모델만큼 좋은 성능을 보이는 인컨텍스트 러닝(in-context learning)과 몇 개의 예시만으로도 성능을 높이거나 출력을 제어할 수 있는 퓨샷러닝(few-shot learning)이라는 특성을 가지고 있다(Brown et al., 2020). 즉, 우리는 프롬프트만으로 대형 언어 모델을 원하는 대로 제어하면서 양질의 결과물을 얻을 수 있는 것이다.

대형 언어 모델은 이전처럼 많은 시간과 노력을 들이지 않고 자동 서술형 평가 시스템을 만들 수 있는 새로운 길을 열어 주었다. GPT-4 수준의 대형 언어 모델은 평가를 위한 루브릭만 제공하면 기준에 맞게 평가를 수행할 수 있다(Lee et al., 2023).

물론 아직까지 대형 언어 모델을 활용한 자동 평가 시스템의 타당도와 신뢰도가 인간 전문가 수준에 이르렀다고 하기에는 이르다. 다만, 급속한 대형 언어 모델 성능의 향상과 관련 기술의 발전은 자동 서술형 평가 시스템의 타당도과 신뢰도를 인간 전문가와 유사한 수준으로 향상시킬 수 있을 것이다.

다중 양식 자동 평가 시스템의 등장

자동 평가가 필요한 영역은 단지 서술형 평가에만 한정

되지 않는다. 국어, 영어, 수학 등의 주지 교과에서 벗어나서 예체능 교과나 학교가 아닌 곳에서 일어나는 평가 상황에서도 필요하다.

체육 수업에서 앞구르기를 평가한다고 하자. 앞구르기를 평가할 때는 학습자가 짚는 손의 위치와 땅에 닿는 신체의 위치, 속도 등을 모두 고려해 평가해야 할 것이다. 이 과정에서 교사는 평가 시 고려 요소가 많기 때문에 한 번에 한 명의 학생만 평가할 수 있을 것이다. 이에 따라 전체 학습 시간 중에 평가에만 할애하는 시간이 상당히 많이 필요하며, 평가가 이루어지는 동안 나머지 학생들은 개인 연습 외에는 적절한 교육적 처치를 받기 어려울 것이다.

최근 등장한 대형 멀티모달 모델은 교사의 관찰 평가도 자동화할 수 있는 길을 열고 있다(Lee et al., 2023). 대형 멀티모달 모델은 대형 언어 모델에 시각 · 음성 등의 다른 모달리티를 가진 모델을 연결하거나 통합해 개발한다. 여기서 대형 언어 모델의 풍부한 언어 능력이 다른 양식과 결합되어 커다란 시너지를 낸다는 점이 이 모델들의 특징이다.

대형 멀티모달 모델 중 시각 모델과 언어 모델을 연결한 시각 언어 모델(vision-language model)은 관찰 평가를 자동화할 수 있다. 학습자의 평가 장면을 영상 녹화하고, 이 녹화한 영상과 평가 루브릭(rubric) 그리고 원하는 출력 결과를 시각 언어 모델에 전달하면, 시각 언어 모델은 자동으로 관찰 평가를 수행할 수 있다.

이웅기와 동료들(2024)은 시각 언어 모델인 GPT-4 비전을 활용해 다양한 관찰 평가에서 시각 언어 모델의 자동 평가 가능성을 확인했다. 체육에서 앞구르기, 소화기 사용법, 지게차 운전법 등 기능적인 부분을 평가하는 경우에는 높은 성능을 보임을 확인했다.

그러나 생성형 인공지능을 활용한 서술형 평가는 여전히 인간 교사의 도움을 필요로 한다. 평가는 교육의 목표와 일치되어야 하며, 다층적인 평가를 위해서는 여러 층위를 평가할 수 있도록 평가 루브릭이 구체적으로 개발되어야 할 필요가 있다. 이는 현재까지는 인간 전문가가 더 정확하게 수행할 수 있는 일이다. 즉, 신뢰할 수 있는 생성형 인공지능 기반의 자동 평가 시스템을 구축하기 위해서는 인간과 인공지능 간의 협력이 필요한 것이다.

참고문헌

Beseiso, M., et al.(2021). A novel automated essay scoring approach for reliable higher educational assessments. *Journal*

of computing in higher education, 33, pp.727–746.
Brown, T., et al.(2020). Language models are few–shot learners. *Advances in neural information processing systems*, 33, pp.1877–1901.
Gao, R., et al.(2024). Automatic assessment of text–based responses in post–secondary education: A systematic review. *arXiv 2023. arXiv preprint arXiv:2308.16151.*
Kakkonen, T., & Sutinen, E.(2004, June). Automatic assessment of the content of essays based on course materials. In *ITRE 2004. 2nd International Conference Information Technology: Research and Education* (pp.126–130). IEEE.
Landauer, T. K.(2003). Automatic essay assessment. *Assessment in education: Principles, policy & practice*, 10(3), pp.295–308.
Lee, G. G., et al.(2023). Multimodality of ai for education: Towards artificial general intelligence. *arXiv preprint arXiv:2312.06037.*
Lee, U., et al.(2024). I see you: Teacher analytics with GPT–4 vision–powered observational assessment. *arXiv preprint arXiv:2405.18623.*

02
자동 문제 생성과 생성형 인공지능

학습한 개념을 익히고 숙달하기 위해서는 관련된 문제를 풀어 보는 것이 매우 중요하다. 그러나 학습에 도움을 주는 문제를 만드는 것은 많은 자원이 필요한 일이다. 최근 생성형 인공지능의 등장은 문제 생성 영역의 자동화를 가속화시키고 있다. 본 절에서는 생성형 인공지능을 활용한 자동 문제 생성의 최근 사례에 대해서 소개할 것이다. 아울러 자동 문제 생성의 미래 발전 방향에 대해서도 논할 것이다.

AI와 MBTI?

생성형 인공지능 기반의 자동 문제 생성

교육에서 문제는 학습자의 현재 지식 상태를 확인하고, 학습 내용을 강화하는 데 중요한 역할을 한다. 문제 풀이를 통해 학습자는 자신의 이해도를 점검하고, 새로운 지식을 기존 지식 구조에 통합할 수 있다. 또한, 문제 풀이 과정에서 발생하는 인지적 어려움은 더 깊은 학습을 촉진한다. 그러나 양질의 문제를 만드는 것은 시간과 전문성을 요구하는 작업이다. 교사들은 학습 목표, 난이도, 학습자의 수준 등 다양한 요소를 고려해 문제를 제작해야 하며, 이는 상당한 노력과 시간을 필요로 한다.

이러한 배경에서 자동 문제 생성(automatic question generation, AQG) 기술이 주목받고 있다. 자동 문제 생성은 컴퓨터 시스템이 주어진 데이터를 분석해 자동으로 문제를 생성하는 과정을 말한다(Alsubait, 2015; Kurdi et al., 2020).

자동 문제 생성 기술의 발전 과정을 살펴보면, 초기에는 주로 규칙 기반 시스템이 사용되었다. 이 시스템은 미리 정의된 템플릿과 규칙을 사용해 문제를 생성했다. 예를 들어, "X는 Y다"라는 문장에서 "X는 무엇인가?"라는 질문을 자동으로 생성하는 방식이다. 그러나 이 방식은 유연성이 떨어지고, 복잡한 문제를 생성하기 어렵다는 한계가 있었다.

생성형 인공지능, 특히 GPT-4와 같은 대형 언어 모델은 자동 문제 생성에 혁신적인 변화를 가져오고 있다. 이러한 모델들은 광범위한 지식, 맥락 이해, 다양한 난이도의 문제 생성 능력, 그리고 유연성을 바탕으로 효과적인 문제 생성이 가능하다. 이와 관련해 이웅기 등(2023)은 GPT-3와 GPT-3.5를 이용해 영어 문제를 자동으로 생성하는 연구를 진행했는데, 이때 영어 지문과 문제 생성 가이드가 담긴 프롬프트만 주어진다면 생성형 인공지능이 충분히 양질의 문제를 만들어 낼 수 있음을 확인했다.

생성형 인공지능을 활용한 자동 문제 생성은 여러 가지 장점을 가지고 있다. 우선, 교사나 문제 출제자가 문제를 만드는 데 들이는 시간과 노력을 크게 줄일 수 있다. 또한, 같은 주제에 대해서도 다양한 유형과 난이도의 문제를 빠르게 생성할 수 있어서 학습자의 수준이나 학습 목표에 따라 문제의 난이도와 유형을 쉽게 조절할 수 있다. 일관된 형태의 문제를 대량으로 생성할 수 있다는 점도 큰 장점이다. 더불어 최신 정보나 트렌드를 반영한 문제를 신속하게 생성할 수 있어 학습 내용의 시의성을 높일 수 있다.

그러나 이러한 장점에도 불구하고, 생성형 인공지능

을 활용한 자동 문제 생성에는 몇 가지 해결해야 할 과제들이 있다. 먼저, 생성된 문제의 사실적 정확성을 보장하는 것이 중요하다. 대형 언어 모델은 사실이 아닌 텍스트를 생성하는 환각(hallucination)이라는 특성이 있다. 대형 언어 모델은 언어 모델이 인식하는 글의 단위인 토큰(token)을 예측하도록 훈련된다. 구체적으로는 현재까지의 토큰을 바탕으로 앞으로 나올 토큰을 예측하는 것이다. 즉, 대형 언어 모델은 입력된 데이터에 기반해 가장 그럴듯한 다음 토큰을 예측하게 되므로, 필연적으로 환각 문제를 수반할 수밖에 없다.

생성된 문제의 편향성도 해결해야 할 과제 중 하나다. 생성된 문제가 특정 인종, 성별, 지역 등에 대한 부정적인 인식을 담고 있을 수도 있다.

그리고 현재의 생성형 인공지능은 사전에 학습된 데이터와 입력되는 프롬프트를 기반으로 문제를 생성한다. 따라서 완전히 새로운 유형의 창의적인 문제를 만들어 내는 데는 한계가 있을 수 있다는 점도 고려할 필요가 있다.

따라서 생성된 문제에 대해서는 전문가의 사후 검증과 수정 절차가 반드시 필요하다.

자동 문제 생성의 발전 방향

생성형 인공지능을 활용한 자동 문제 생성 기술은 계속해서 발전하고 있으며, 앞으로 여러 방향으로 나아갈 것으로 예상된다. 개인화된 학습은 중요한 발전 방향 중 하나다. 따라서 학습자의 수준과 학습 스타일에 맞춘 문제 생성이 가능해질 것이다. 예를 들어, 학습자의 이전 문제 풀이 기록, 학습 속도, 선호하는 문제 유형 등을 분석해 개인에게 최적화된 문제를 제공할 수 있다. 이는 적응형 학습 시스템과 결합해 더욱 효과적인 개별화 교육을 실현할 수 있다.

멀티모달 문제 생성도 주목할 만한 발전 방향이다. 몇몇 문제 생성 연구들에서도 텍스트뿐만 아니라 이미지, 오디오, 영상 등 다양한 미디어를 활용한 복합적인 문제 생성을 시도하고 있다(Liu et al., 2024; Uehara et al., 2024). 예를 들어, 이미지 생성 모델을 활용해 이미지 속 숨은 그림을 찾는 형태로 문제를 만들거나, 아예 문제 상황을 3D 게임으로 생성해서 제공할 수도 있을 것이다. 오디오 생성을 통해 다양한 국적의 영어 발음을 비교하는 문제를 생성할 수도 있다.

자동 문제 생성 기술의 발전은 교육 현장에 큰 변화를 가져올 것이다. 교사들은 반복적인 문제 생성 작업에서 벗어나 학생들과의 상호 작용과 깊이 있는 교육 활동에 더 많은 시간을 할애할 수 있게 될 것이다. 그러나 이러한 기술이 인간 교사를 대체하는 방향이 아니라, 교육의 질을 높이는 보조 도구로 활용되어야 한다는 점을 명심해야 한다.

참고문헌

Alsubait, T.(2015). *Ontology-based question generation.* PhD thesis: University of Manchester.

Brown, T., et al.(2020). Language models are few-shot learners. *Advances in neural information processing systems*, 33, pp.1877-1901.

Kurdi, G., et al.(2020). A systematic review of automatic question generation for educational purposes. *International journal of artificial intelligence in education*, 30, pp.121-204.

Landauer, T. K.(2003). Automatic essay assessment. *Assessment in education: Principles, policy & practice*, 10(3), pp.295-308.

Lee, U., et al.(2023). Few-shot is enough: Exploring ChatGPT prompt engineering method for automatic question generation in english education. *Education and Information Technologies*, pp.1-33.

Liu, X., et al.(2024, May). Look before you leap: Dual logical verification for knowledge-based visual question generation. *InProceedings of the 2024 Joint International Conference on Computational Linguistics, Language Resources and*

Evaluation(LREC-COLING 2024)(pp.10802-10812).

Uehara, K., & Harada, T.(2024). Learning by Asking questions for knowledge-based novel object recognition. *International journal of computer vision*, 132(6), pp.2290-2309.

03
생성형 인공지능 기반 챗봇

챗봇 기술은 인공지능의 발전과 함께 빠르게 진화해 왔다. 초기의 단순한 규칙 기반 시스템에서 시작해 오늘날의 고도로 정교한 대화형 인공지능에 이르기까지, 챗봇은 우리의 일상생활과 비즈니스 환경에 깊숙이 침투해 있다. 특히 최근 생성형 인공지능의 등장으로 챗봇 기술은 새로운 국면을 맞이하고 있다. 본 장에서는 챗봇 기술의 발전 과정을 살펴보고, 생성형 인공지능이 챗봇 기술에 미치는 영향과 그 응용 사례, 그리고 향후 전망에 대해 논의하고자 한다.

AI와 난임 극복?

챗봇 기술의 최신 동향

챗지피티의 등장 이래로, 생성형 인공지능 기술 중에서 가장 주목받고 있는 응용 분야는 챗봇이다. 챗봇 기술은 크게 규칙 기반 챗봇과 모델 기반 챗봇으로 나눌 수 있다. 규칙 기반 챗봇은 미리 정의된 규칙과 패턴에 따라 응답을 생성하는 반면에 모델 기반 챗봇은 기계 학습(machine learning, ML) 알고리즘을 사용해 더 유연하고 자연스러운 대화를 생성한다.

최근에는 대형 언어 모델을 활용한 챗봇이 주목받고 있다. 대형 언어 모델은 주로 빅테크에서 만들어지고 서비스되는 경우가 많은데, 오픈에이아이의 GPT-4나 구글의 제미나이 프로(Gemini Pro)가 이에 해당한다. 대형 언어 모델의 주요 장점은 높은 성능과 안정적인 서비스 운영에 있다. 그러나 특정 목적에 맞게 모델을 수정하려면 프롬프트 엔지니어링에 의존해야 하며, 이는 때로 한계가 있을 수 있다. 또한, 입력과 출력 양에 따라 비용이 책정되어 사용량이 많을 경우 상당한 비용이 발생할 수 있다는 단점이 있다.

이에 따라 소형 언어 모델(small language model, SLM)을 활용한 챗봇이 대안으로 주목받고 있다(Abdin et al., 2024). 소형 언어 모델은 빅테크 기업에서 운영하는 모델이 아닌, 작은 기업이나 소비자가 사용할 수 있을 정도로 작은 크기의 언어 모델을 지칭하는 용어다. 메타(Meta)의 라마(Llama)(Touvron et al., 2023)나 구글의 젬마(Gemma)(Team et al., 2024)와 같은 오픈소스 모델과 그 모델을 바탕으로 새롭게 훈련한 파생 모델들이 그 예다. 소형 언어 모델은 대형 언어 모델에 비해 크기가 작아 성능이 다소 떨어질 수 있지만, 특정 도메인에 특화된 학습이 가능하고 운영 비용이 상대적으로 저렴하다는 장점이 있다. 또한, 수집되는 데이터를 빅테크 기업이나 외부로 유출하지 않고 서비스를 운영하는 주체가 안전하게 보유할 수 있다. 이는 기업 내부 시스템과 같은 보안 및 개인 정보 보호가 중요한 상황에서 특히 유용할 수 있다.

생성형 인공지능 기반의 챗봇을 개발하기 위해서는 모델을 보조하는 시스템도 중요하다. 생성형 인공지능을 활용한 챗봇 시스템의 주요 구성 요소를 제시한 대표적인 연구로 블랜더봇 3(Blenderbot 3)(Shuster et al., 2022)를 들 수 있다. 블랜더봇 3는 생성형 인공지능을 활용한 챗봇 시스템의 기본적인 틀을 제공했다.

블랜더봇 3는 자유 대화 능력을 갖춘 인공지능 챗봇으로, 여러 혁신적인 기능을 포함하고 있다. 이 시스템의 핵심 구성 요소 중 하나는 사용자의 의도를 파악하는 모델(intent classifier)이다. 이 모델은 사용자가 단순히 대화를 나누고 싶은 것인지, 아니면 사실적인 정보를 찾고 있는 것인지를 판단한다. 또한, 토픽 가드레일(topic guardrail) 기능을 통해 대화가 챗봇의 원래 목적에 부합하는지 확인한다.

블랜더봇 3의 또 다른 중요한 특징은 검색 증강 생성(retrieval-augmented generation, RAG)이다. 이 기술은 사용자의 대화 내용을 고려해 관련 지식을 데이터베이스에서 검색한 후, 이를 언어 모델에 입력할 프롬프트와 함께 조합한다. 최종적으로 지식 정보를 포함한 프롬프트는 대형 언어 모델에 입력되어 응답을 생성하는 데 사용된다. 이렇게 지식을 프롬프트와 함께 주입하게 되면 생성 모델의 환각을 줄여 주는 역할을 한다(Lewis et al., 2020).

윤리적 고려 사항 또한 블랜더봇 3 설계의 중요한 부분이다. 시스템에는 입력과 출력의 윤리성을 평가하는 별도의 윤리 모델이 포함되어 있어서 부적절하거나 유해한 콘텐츠를 필터링하는 역할을 한다.

최신 챗봇 연구에서는 블랜더봇 3의 이러한 구조를 기반으로 하면서도 더욱 발전된 기술을 적용하고 있다. 특히, 정확한 지식을 빠르게 검색하기 위해 텍스트 유사도 기반의 벡터 데이터베이스를 구축하는 것이 최근 흐름이다. 이를 통해 사용자의 질문과 가장 관련성 높은 정보를 신속하게 찾아 응답의 정확성과 관련성을 높일 수 있다(Jing et al., 2024).

교육 분야에서의 챗봇 활용과 전망

교육 분야에서 생성형 인공지능 기반의 챗봇 연구들은 챗봇이 단순한 정보 전달을 넘어 학습자의 고차 사고력과 창의성 향상에도 기여할 수 있음을 보여 주고 있다.

고차원 사고력 향상을 위한 챗봇 활용의 한 예로 DEBO (debate bot) 프로젝트를 들 수 있다. DEBO는 챗지피티를 기반으로 한 토론 교육용 애플리케이션으로, 학생들의 비판적 사고력과 논증 능력을 향상시키는 것을 목표로 한다. 이 시스템은 학생들에게 다양한 주제에 대해 토론할 기회를 제공하며, 실시간으로 피드백을 제공한다. DEBO는 학생들이 자신의 주장을 논리적으로 구성하고, 상대방의 주장을 분석하며, 반론을 제기하는 능력을 기를 수 있도록 돕는다(Lee et al., 2024).

언어 교육 분야에서도 생성형 인공지능 기반 챗봇의 활용이 증가하고 있다. 모하메드(Mohamed, 2024)의 연구에 따르면, EFL(English as a Foreign Language) 교육에서 챗지피티의 활용이 학생들의 언어 능력 향상에 긍정적인 영향을 미치는 것으로 나타났다. 특히 실시간 상호 작용과 피드백, 개인화된 언어 교육, 광범위한 지식 기반 등이 주요 장점으로 꼽혔다. 한편, 인간 교사와의 상호 작용 부족, 문화적 맥락 이해의 한계 등 단점도 지적되었다.

한편, 음성 기반의 챗봇의 교육적 활용도 점차 주목받고 있다. 미국의 비영리 교육 단체인 칸 아카데미는 오픈에이아이와 협업해 실시간으로 학습자의 수학 학습을 피드백하는 음성 기반 챗봇 시스템의 데모를 시연했다(https://openai.com/index/hello-gpt-4o). 시연처럼 생성형 인공지능 기반 챗봇이 음성을 통해 사용자와 실시간으로 소통할 수 있다면, 보조 도구를 넘어 학습 경험을 근본적으로 변화시킬 수 있을 것이다.

향후 기술의 발전과 함께 교육용 챗봇의 활용은 더욱 확대될 것으로 전망되며, 이는 개인화된 학습, 실시간 피드백, 그리고 상호작용적 학습 경험을 통해 교육의 질을 크게 향상시킬 수 있을 것으로 기대된다.

참고문헌

Abdin, M., et al.(2024). Phi-3 technical report: A highly capable language model locally on your phone. *arXiv preprint arXiv:2404.14219.*

Jing, Z., et al.(2024). When large language models meet vector databases: A survey. *arXiv preprint arXiv:2402.01763.*

Lee, U., et al.(2024). Can ChatGPT be a debate partner? Developing ChatGPT-based application "DEBO" for debate education, findings and limitations. *Educational technology & society*, 27(2), pp.321-346.

Lewis, P., et al.(2020). Retrieval-augmented generation for knowledge-intensive nlp tasks. *Advances in neural information processing systems*, 33, pp.9459-9474.

Mohamed, A. M.(2024). Exploring the potential of an AI-based Chatbot (ChatGPT) in enhancing English as a foreign language (EFL) teaching: Perceptions of EFL faculty members. *Education and information technologies*, 29(3), pp.3195-3217.

Shuster, K., et al.(2022). Blenderbot 3: a deployed conversational agent that continually learns to responsibly engage. arXiv preprint arXiv:2208.03188.

Team, G., et al.(2024). Gemma: Open models based on gemini research and technology. *arXiv preprint arXiv:2403.08295.*

Touvron, H., et al.(2023). Llama: Open and efficient foundation language models. *arXiv preprint arXiv:2302.13971.*

04
교육과 학습에 정렬된 언어 모델

챗지피티의 대중적 성공은 인간 선호에 맞춘 언어 모델 훈련 방식이 큰 기여를 했다. 사전 학습 이후 인간 선호에 맞게 언어 모델을 '정렬'하는 훈련 방식은 언어 모델이 인간의 명령을 이해하고, 선호하는 답변을 만드는 데 일조했다. 그러나 교육과 학습에 정렬된 언어 모델은 여전히 초기 단계에 머물러 있다. 이번 장에서는 언어 모델의 정렬 방법과 그 예를 제시한다. 특히, LearnLM 프로젝트의 예를 통해 교육과 학습을 위한 언어 모델은 어떻게 정렬하는지 알아본다.

AI와 사주?

언어 모델의 훈련 및 최적화

대형 언어 모델은 방대한 컴퓨팅 자원이 필요하고 특정 목적에 맞게 조정하기 어렵다는 단점이 있다. 이에 따라 최근에는 특정 목적에 맞는 소형 언어 모델을 정렬하는 연구가 활발히 진행되고 있다. 정렬은 모델의 행동과 출력이 인간의 가치, 의도, 기대와 일치하도록 하는 과정을 의미한다(Köpf et al., 2024; Shen et al., 2023).

언어 모델의 훈련에는 여러 가지 기법이 사용된다. 가장 기본적인 방법은 미세 조정으로, 사전 학습된 모델을 특정 목적의 데이터 셋으로 추가 학습시키는 방법이다(Devlin et al., 2018). 이 방법은 비교적 적은 양의 데이터로도 모델의 성능을 크게 향상시킬 수 있다는 장점이 있다. 그러나 전체 모델의 가중치(weight)를 업데이트해야 하므로 여전히 상당한 계산 자원이 필요하다는 단점이 있다.

인스트럭션 튜닝(instruction tuning)은 미세 조정의 한 가지 형태로, 모델이 특정 지시 사항을 이해하고 그에 따라 응답을 생성할 수 있도록 훈련하는 방법이다(Wei et al., 2022). 이 방법은 모델에게 다양한 태스크를 수행하는 방법을 '가르치는' 것과 유사하다. 예를 들어, "이 문장을 프랑스어로 번역하세요", "이 수학 문제의 해답을 단계별로 설명하세요" 등의 지시 사항을 주고 그에 맞는 응답을 생성하도록 훈련시킨다. 이를 통해 하나의 모델로 다양한 태스크를 수행할 수 있게 된다.

효율적인 언어 모델 훈련을 위해서 PEFT(parameter efficient fine-tuning) 기법도 사용된다. PEFT는 모델의 일부 파라미터만을 조정해 효율적으로 모델을 특정 태스크에 적응시키는 방법이다. 한 가지 예로 LoRA(low-rank adaptation)라는 기법이 있다(Hu et al., 2021). LoRA는 원본 모델의 가중치를 직접 수정하지 않고, 대신 작은 행렬로 이루어진 어댑터(adapter)의 가중치만을 미세 조정한다. 이 방법은 적은 컴퓨팅 자원으로도 특정 목적에 맞는 모델을 개발할 수 있게 하며, 원본 모델을 보존하면서도 다양한 태스크에 대해 별도의 적응할 수 있는 장점이 있다.

한편, 지식 증류(knowledge distillation) 기법은 대형 모델의 지식을 소형 모델로 전달하는 기법으로, 주로 교사 모델과 학생 모델로 비유하기도 한다. 이 기법은 소형 모델이 대형 모델의 성능에 근접하면서도 크기와 계산 비용을 크게 줄일 수 있게 한다. 지식 증류는 특히 모바일 기기나 엣지 컴퓨팅 환경에서 사용될 소형 모델을 개발할 때 유용하다.

이러한 기법들을 조합해 사용함으로써, 특정 목적에 맞게 효율적으로 소형 언어 모델을 정렬할 수 있다.

교육 목적 언어 모델 개발: 런LM 사례

그렇다면 교육 목적으로 언어 모델을 정렬하려면 어떻게 해야 할까? 구글과 애리조나주립대학교가 진행한 런LM(LearnLM) 프로젝트(Jurenka et al., 2024)는 교육 목적에 특화된 언어 모델 개발을 위한 종합적인 접근 방식을 보여 주는 좋은 사례다.

이 방법론의 핵심은 참여적 접근으로, 개발 초기 단계부터 학습자, 교육자, 정책 입안자, 학술 연구자 등 다양한 이해관계자들을 참여시켜 그들의 요구와 관점을 반영한다. 이를 통해 실제 교육 현장의 요구에 부합하는 모델을 개발할 수 있다.

런LM의 개발 과정에서는 학생들과 교사들을 대상으로 한 워크샵을 통해 그들이 인공지능 튜터에게 기대하는 바를 수집했다. 학생들은 인공지능 튜터가 단순히 정답을 제공하는 것이 아니라, 문제 해결 과정을 단계별로 설명해 주고, 이해 정도에 따라 적절하게 설명해 주길 원했다. 교사들은 인공지능 튜터가 학생들의 개념적 오류를 식별하고 교정하는 능력이 필요하다고 지적했다. 이러한 요구 사항을 바탕으로 런LM의 구체적인 설계 방향이 정해졌다.

설계 방향에 맞게 언어 모델을 개발하기 위해서 먼저 구체화되어야 하는 것은 평가 계획이다. 런LM은 다양한 평가 방법을 통합적으로 사용한다. 인간 평가자에 의한 질적 평가, 자동화된 메트릭을 활용한 양적 평가, 그리고 실제 교육 환경에서의 평가 등을 포함한다. 이러한 다각도의 평가는 모델의 교육적 효과성을 종합적으로 검증할 수 있게 한다.

데이터 수집과 처리에 있어서도 런LM은 특별한 접근을 취한다. 인간 튜터링 데이터, 인공지능 역할극 데이터, 인간 교육 전문가가 직접 작성한 '황금 대화' 데이터 등 다양한 유형의 데이터를 혼합해 사용한다. 여기서 황금 대화는 교육 전문가들이 직접 작성한 이상적인 튜터-학생 대화 시나리오로, 모델이 학습해야 할 최적의 교육적 상호 작용을 대표한다. 이러한 다양한 데이터의 혼합은 모델이 다양한 교육 상황과 학습자 유형에 대응할 수 있도록 한다.

안전성과 윤리성 또한 런LM의 중요한 고려 사항이다. 편향성 감소, 개인 정보 보호, 적절한 난이도 조절 등을 위한 다양한 안전장치를 모델에 포함시킨다. 예를 들어,

학생의 개인 정보를 보호하기 위해 대화 내용을 저장하지 않고 실시간으로만 처리한다거나, 모델이 부적절한 내용을 생성하지 않도록 필터링을 하는 것이다.

런LM의 한 가지 특징적 기능은 평가적 연습(evaluative practice) 능력이다. 이는 학생의 지식 상태를 평가하고 그에 맞는 질문을 제공하며, 학생의 응답에 대해 적절한 피드백을 제공하는 능력이다. "지구의 모양은 어떻습니까?"라는 질문에 학생이 "평평합니다"라고 대답하면, 런LM은 이를 오개념으로 인식하고 지구가 구형임을 설명하는 증거들을 단계적으로 제시하며 학생의 이해를 돕는다.

런LM의 종합적 접근은 교육 분야에서 인공지능의 책임 있는 개발과 활용을 위한 중요한 방향성을 제시하고 있다. 특히 런LM의 설계 과정에서 확인할 수 있는 다양한 접근 방법은 교육과 학습을 위한 언어 모델이 어떻게 정렬되어야 하는지에 대한 한 가지 예시가 될 수 있을 것이다.

참고문헌

Devlin, J., et al.(2018). Bert: Pre-training of deep bidirectional transformers for language understanding. *arXiv preprint*

arXiv:1810.04805.
Hu, E. J., et al.(2021). Lora: Low-rank adaptation of large language models. *arXiv preprint arXiv:2106.09685.*
Jurenka, I., et al.(2024). Towards responsible development of generative AI for education: An evaluation-driven approach. Google Technical Report.
Köpf, A., et al.(2024). Openassistant conversations-democratizing large language model alignment. *Advances in neural information processing systems*, 36.
Shen, T., et al.(2023). Large language model alignment: A survey. *arXiv preprint arXiv:2309.15025.*
Wei, J., Bet al.(2022). Finetuned Language Models are Zero-Shot Learners. In International Conference on Learning Representations.

05
대형 언어 모델 기반 에이전트

대형 언어 모델과 에이전트 기술의 결합은 새로운 가능성을 열어 가고 있다. 최근 생성형 에이전트 기반의 시뮬레이션 연구를 시작으로, 대형 언어 모델 기반 에이전트 연구가 활발히 진행되고 있다. 이러한 기술의 발전은 교육 분야에도 큰 영향을 미치고 있으며, 특히 가상 현실과 메타버스 환경에서의 학습 경험 제공에 새로운 지평을 열고 있다. 본 장에서는 대형 언어 모델 기반 에이전트 기술의 현재와 교육 분야에서의 응용, 그리고 미래 전망에 대해 살펴보고자 한다.

AI와 아이돌?

대형 언어 모델 기반 에이전트 기술의 현재

대형 언어 모델은 자연어 처리 분야에서 놀라운 발전을 이루며 텍스트 생성, 번역, 요약 등 다양한 작업에서 놀라운 성능을 보여 왔다. 최근 이러한 대형 언어 모델의 능력을 한 단계 더 발전시켜, 자율적으로 의사 결정을 내리고 행동할 수 있는 에이전트로 활용하려는 연구가 활발히 진행되고 있다. 이는 인공지능이 단순한 언어 모델을 넘어 보다 복잡하고 지능적인 시스템으로 진화할 수 있는 가능성을 보여 주고 있다.

대형 언어 모델 기반 에이전트 연구의 가능성을 탐색한 연구로는 오토지피티(AutoGPT)와 생성형 에이전트(generative agent)가 있다. 오토지피티는 자연어로 목표가 주어지면 이를 하위 작업으로 나누고 인터넷과 여러 가지 도구를 사용해서 목표를 달성할 때까지 행동을 반복하는 인공지능 에이전트다. 반복적으로 GPT-3.5나 GPT-4를 사용해서 최종적인 목표를 달성한다(Significant Gravitas, n.d.).

생성형 에이전트 시뮬레이션은 박준성 등(Park et al., 2023)의 연구에서 소개되었다. 이 연구에서는 GPT-3를 기반으로 한 에이전트들이 스몰빌이라는 가상의 마을에서 상호 작용하며 복잡한 사회적 행동을 생성하는 모습을 보여 주었다. 연구에서는 가상의 에이전트가 인간처럼 요리하고 학교에 가는 등의 일상생활을 영위하거나, 파티를 열고 다른 에이전트를 초대하는 등의 행동을 한다. 즉, 이 연구는 대형 언어 모델이 단순한 텍스트 생성을 넘어 자율적인 의사 결정과 행동을 수행할 수 있는 가능성을 제시했다.

대형 언어 모델 기반 에이전트 기술은 빠르게 발전하고 있다. 특히 주목할 만한 발전은 에이전트 기술을 활용한 프로그래머의 등장이다. 예를 들어, 챗데브(ChatDev)에서는 GPT-4를 기반으로 한 AI 프로그래머가 복잡한 소프트웨어 개발 작업을 수행할 수 있음을 보여 주었다(Qian et al., 2023). 이 AI 프로그래머는 요구 사항 분석, 코드 작성, 디버깅(debugging), 문서화 등 소프트웨어 개발의 전 과정을 자율적으로 수행할 수 있었다.

대형 언어 모델 기반 에이전트의 또 다른 중요한 특징은 다중 에이전트 시스템(multi-agent system)의 구현 가능성이다. 예를 들어, 에이전트버스(AgentVerse)에서는 여러 대형 언어 모델 기반 에이전트가 협력해 복잡한 문제를 해결하는 시스템을 제안했다(Chen et al., 2023). 이 시스템에서 각 에이전트는 특정 역할과 전문성을 가지고 있으며, 서로 소통하고 협력해 주어진 태스크를 수

행한다.

대형 언어 모델 기반 에이전트 기술의 발전은 생성형 인공지능의 응용 범위를 크게 확장시키고 있다. 단순한 언어 처리를 넘어 복잡한 의사 결정, 창의적 문제 해결, 협업 등 인간의 고차원적 인지 기능을 모방하는 수준에 도달하고 있다.

교육 연구에서 에이전트 기술의 미래 전망

교육 분야에서 생성형 에이전트 기술은 혁신적인 학습 경험을 제공하는 데 활용되고 있다. 이웅기 등(Lee et al., 2023)의 연구에서는 예비 교사 훈련을 위한 생성형 에이전트 기반 시뮬레이션 시스템을 개발했다. 이 시스템에서는 GPT-4 기반의 에이전트들이 학생 역할을 수행하며, 예비 교사들이 실제 교실 환경과 유사한 상황에서 교육 실습을 경험할 수 있도록 지원한다. 또 다른 사례로, 문제웅 등(Moon et al., 2024)의 연구에서는 대형 언어 모델 기반 에이전트들로 구성된 가상의 교실 환경을 시뮬레이션해 다양한 교육 방법과 정책의 효과를 검증하는 시스템을 개발했다. 이 시스템은 실제 교육 현장에서 시도하기 어려운 혁신적인 교육 방법을 안전하게 테스트하고 평가할 수 있는 플랫폼을 제공한다.

이러한 기술의 발전은 교육 분야에 다양한 가능성을 열어 주고 있다. 먼저, 교사가 직접 관찰하기 어려운 상황을 롤플레이하고 이를 관찰할 수 있을 것이다. 잠재적 교육 과정이 시사하는 바와 같이, 교사의 시야 밖에서 발생하는 학생들 간의 상호 작용이나 학교 밖에서 발생하는 상황들은 교육과 학습을 연구하기 위해서는 매우 중요한 부분이다. 학생의 페르소나(persona)를 가진 생성형 에이전트들이 가상 공간에서 행동하는 시뮬레이션을 통해, 기존에는 확인할 수 없었던 다양한 상황을 관찰하고 연구할 수 있을 것이다. 또한, 이러한 시뮬레이션을 통해 새로운 교육 과정이나 정책의 효과를 사전에 예측하고 평가할 수 있어서 교육 혁신의 리스크를 줄이고 효율성을 높일 수 있을 것이다.

다음으로, 게임 기반의 교육 환경을 더욱 실감나게 구현할 수 있다. 생성형 에이전트를 활용한다면 역사적 사건의 재현, 과학 실험의 가상 체험, 문학 작품 속 캐릭터와의 대화 등 다양한 교육적 시나리오를 생생하게 구현할 수 있다. 게임 환경에서 NPC(non-player character)가 사용자의 대화에 수동적으로 대응하는 것을 넘어, 각 에이전트가 자신에게 주어진 페르소나에 맞게 롤플레이할 수 있다. 이러한 몰입형 학습 환경은 학생들의 흥미와 참여도를 높이고, 추상적인 개념을 구체적이고 경험적인 지식으로 전환하는 데 효과적일 것이다.

생성형 에이전트 기술의 발전은 교육의 패러다임을 크게 변화시킬 잠재력을 가지고 있다. 그러나 이 기술의 효과적인 활용을 위해서는 윤리적 고려 사항, 데이터 보안, 그리고 인간 교사의 역할 재정립 등 여러 과제들도 함께 해결해 나가야 할 것이다. 앞으로 생성형 에이전트 기술이 교육 현장에서 어떻게 구현되고 발전해 나갈지, 그리고 이를 통해 학습자들의 경험과 성과가 어떻게 향상될 수 있을지 지속적인 연구와 관심이 필요할 것이다.

참고문헌

Chen, W., et al.(2023). Agentverse: Facilitating multi-agent collaboration and exploring emergent behaviors in agents. *arXiv preprint arXiv:2308.10848.*

Lee, U., et al.(2023). Generative agent for teacher training: Designing educational problem-solving simulations with large language model-based agents for pre-service teachers. In *NeurIPS 2023 Workshop on Generative AI for Education (GAIED): Advances, Opportunities, and Challenges.*

Moon, J., et al.(2024). Generative artificial intelligence in educational game design: Nuanced challenges, design implications, and future research. *Technology, knowledge, and learning.*

Park, J. S., et al.(2023, October). Generative agents: Interactive simulacra of human behavior. In *Proceedings of the 36th annual acm symposium on user interface software and technology*(pp. 1–22).

Qian, C., et al.(2023). Communicative agents for software development. *arXiv preprint arXiv:2307.07924.*

Significant Gravitas.(n.d.). AutoGPT[Software]. Retrieved from https://github.com/Significant-Gravitas/AutoGPT.

06
생성형 인공지능으로 자동화된 교수 설계

교수 설계는 학습자의 학습 경험을 체계적으로 계획, 개발, 평가하는 과정으로, 효과적인 교육을 위한 핵심적인 요소다. 전통적으로 교수 설계는 교육 전문가들의 지식과 경험에 크게 의존해 왔다. 최근 생성형 인공지능의 발전으로 교수 설계를 자동화하고 최적화할 수 있는 가능성이 열리고 있다. 본 장에서는 교수 설계에서 생성형 인공지능의 활용 사례와 미래 전망에 대해 살펴보고자 한다.

AI와 야구?

인공지능을 활용한 교수 설계의 필요성

교수 설계는 효과적인 학습 경험을 창출하기 위한 체계적인 과정으로, 전통적으로 많은 시간과 전문성을 요구하는 작업이다. 교육 전문가들은 학습자의 요구를 분석하고, 적절한 교육 내용과 방법을 선택하며, 평가 도구를 개발하는 등 복잡한 과정을 거치게 된다. 이러한 과정은 종종 상당한 시간이 소요되며, 높은 수준의 전문성을 필요로 한다(Dick et al., 2021).

교수 설계의 이러한 복잡성과 시간 및 인적 자원의 제약으로 인해 과거부터 이를 자동화하려는 다양한 시도가 있어 왔다. 1990년대부터 시작된 컴퓨터 기반 교수 설계 도구의 개발은 이러한 노력의 일환이었다. 초기의 컴퓨터 기반 도구들은 주로 관리와 조직화에 초점을 맞추고 있으며, 교육자들이 템플릿을 사용해 강의 자료를 보다 효율적으로 구성하고 관리할 수 있도록 지원했다. 이러한 도구들은 협업 기능을 포함해 여러 교육자들이 함께 작업할 수 있는 환경을 제공함으로써 교수 설계의 효율성을 높이고자 했다(Gagné et al., 2005).

그러나 이러한 초기의 도구들은 실제 교수 설계의 창의적이고 전략적인 측면을 자동화하는 데는 한계가 있었다. 예를 들어, 교육 목표 설정, 학습자 분석, 교수 전략 선택 등의 과정은 여전히 교육자의 전문성과 창의성에 크게 의존했다. 이러한 초기 시도의 한계는 기술의 발전과 더불어 더 정교한 도구와 방법론의 필요성을 부각시켰다(Merrill, 2012).

2000년대에 접어들어 인공지능 기술이 발전하면서 교수 설계의 자동화 가능성에 대한 새로운 기대가 생겨났다. 인공지능 기반 교수 설계 도구는 교육자들이 학생들의 학습 데이터를 분석하고, 그에 따른 맞춤형 교육 콘텐츠를 제공하는 데 중점을 두었다. 예를 들어, 학습자의 성취도와 학습 패턴을 분석해 개별 맞춤형 학습 경로를 제안하는 시스템이 개발되었다. 이러한 시스템은 학습자의 특성과 요구에 맞춘 교육을 제공함으로써 학습 효율성을 높이고 교육자의 부담을 줄이는 데 기여했다(Reiser et al., 2012).

최근에는 생성형 인공지능 기술의 발전으로 교수 설계 자동화가 새로운 국면을 맞이하고 있다. 생성형 인공지능는 단순한 데이터 분석을 넘어, 실제 교육 콘텐츠와 학습 활동을 생성하고 교수 설계의 전반적인 과정을 지원할 수 있는 능력을 갖추게 되었다.

생성형 인공지능을 활용한 교수 설계 연구 사례와 미래 전망

최근 생성형 인공지능 기술의 급속한 발전은 교수 설계 자동화에 새로운 지평을 열고 있다. 특히 챗지피티와 같은 대형 언어 모델을 활용한 연구들은 인공지능이 교육 자료 생성과 학습 활동 설계에 효과적으로 활용될 수 있음을 보여 주고 있다. 루이즈-로자스 등(Ruiz-Rojas et al., 2023)의 연구에서는 챗지피티를 활용해 다양한 학습 스타일과 난이도에 맞춘 교육 자료를 생성하고 학습 활동을 설계하는 방법을 제시했다.

더 나아가, 최근의 연구들은 인공지능이 단순한 콘텐츠 생성을 넘어 종합적인 교수 설계를 수행할 수 있는 잠재력을 보여 주고 있다. 최기웅 등(Choi et al., 2024)은 생성형 AI를 활용한 교수 설계 매트릭스 개발을 통해 학습 목표 설정부터 평가 방법, 교수 전략 선택까지 일관성 있는 교수 설계를 생성형 인공지능이 지원할 수 있음을 입증했다. 특히 흥미로운 점은 페소브스키 등(Pesovski et al., 2024)의 연구에서 제시된 인공지능을 활용한 다양한 캐릭터 기반의 학습 콘텐츠 생성 방법이다. 이러한 접근법은 학습자의 흥미와 동기를 유발하는 데 효과적일 수 있으며, 더욱 개인화된 학습 경험을 제공할 수 있다.

향후 대형 언어 모델과 생성형 에이전트 기술의 발전은 교수 설계 자동화를 더욱 가속화할 것으로 예상된다. 보즈컬트(Bozkurt, 2023)는 생성형 인공지능을 활용한 대화형 교육 에이전트의 가능성을 탐구하며 이러한 기술이 개인화된 학습 경험을 제공하는 데 큰 역할을 할 수 있음을 제시했다.

그러나 이러한 기술의 효과적인 활용을 위해서는 몇 가지 과제를 해결해야 한다. 먼저, 생성된 결과물의 질과 정확성을 보장하는 것이 중요하다. 생성형 인공지능의 환각으로 인해 만들어진 교수 설계 결과물이 사실이 아닌 내용을 담고 있을 가능성이 있다. 따라서 검색 증강 생성을 사용하는 기술적 해결책과 감수 과정에서 인간 전문가가 참여하는 절차를 마련하는 등의 보완책이 필요하다.

둘째, 교육적 맥락과 학습자의 개별적 요구를 정확히 이해하고 반영할 수 있어야 한다. 교수 설계에서는 실제로 교육을 운영하는 교수자와 과정에 참여하는 학습자의 의견이 무엇보다 중요하다. 자동화된 교수 설계 과정에서도 반드시 교수자와 학습자의 의견을 수용하는 절차를 마련할 필요가 있다. 생성형 에이전트를 활용해 초안 개발 후 자동으로 교수자와 학습자들에게 메시지를 보내서 의견을 수합하는 기술적인 방법도 검토해 볼 만하다.

마지막으로, 교수 설계자의 역할 변화에 대한 깊이 있는 논의가 이루어져야 할 것이다. 기존에는 인간 교수 설계자들이 전체 과정에 참여해 교수 설계를 진행했다. 그러나 생성형 인공지능을 활용할 때 이를 도구로 활용할 수도 있지만 협력자로 관계를 재정립할 수도 있다. 따라서 교수 설계자와 생성형 인공지능 간의 역할 정립에 대한 심도 있는 논의와 고찰이 필요할 것이다.

결론적으로, 생성형 인공지능을 활용한 교수 설계는 교육의 효율성과 개인화를 크게 향상시킬 잠재력을 가지고 있다. 앞으로 이 분야의 연구와 실천이 어떻게 발전해 교육의 질을 높일 수 있을지 지속적인 관심과 탐구가 필요할 것이다.

참고문헌

Bozkurt, A.(2023). Generative artificial intelligence (AI) powered conversational educational agents: The inevitable paradigm shift. *Asian journal of distance education*, 18(1), pp.198–204.

Choi, G. W., et al.(2024). Utilizing generative AI for instructional design: Exploring strengths, weaknesses, opportunities, and threats. *TechTrends*, pp.1-13.

Dick, W., et al.(2021). *The systematic design of instruction*(9th ed.). Boston: Pearson.

Gagne, R. M., et al.(2005). Principles of instructional design. *Performance improvement*, 44, pp.44-46.

Merrill, M. D.(2012). *First principles of instruction.* John Wiley & Sons.

Pesovski, I., et al.(2024). Generative ai for customizable learning experiences. *Sustainability*, 16(7), pp.3034-3056.

Reiser, R. A., & Dempsey, J. V.(2012). *Trends and issues in instructional design and technology*. Boston: Pearson.

Ruiz-Rojas, L. I., et al.(2023). Empowering education with generative artificial intelligence tools: Approach with an instructional design matrix. *Sustainability*, 15(15), pp.11524-11543.

07
창의성 촉진의 도구로서의 생성형 인공지능

창의성은 21세기 핵심 역량 중 하나로, 교육 분야에서 그 중요성이 더욱 강조되고 있다. 창의적 문제 해결 이론에 따르면, 창의적 문제 해결 과정은 발산적 사고와 수렴적 사고의 반복적 활용을 통해 이루어진다. 최근 생성형 인공지능의 발전은 이러한 창의적 사고 과정을 지원하고 촉진할 수 있는 새로운 도구로 주목받고 있다. 본 장에서는 생성형 인공지능을 활용한 창의성 촉진 사례와 미래 전망에 대해 살펴보고자 한다.

AI와 윤동주?

생성형 인공지능을 활용한 창의적 사고 촉진 사례

창의적 사고는 21세기 교육의 핵심 목표 중 하나로, 복잡한 문제를 해결하고 혁신적인 아이디어를 생성하는 능력을 의미한다. 급변하는 현대 사회에서 창의적 사고의 중요성은 더욱 부각되고 있으며, 교육 분야에서는 이를 효과적으로 촉진할 수 있는 방법을 지속적으로 모색하고 있다.

최근 생성형 인공지능 기술의 발전은 창의적 사고 촉진을 위한 새로운 가능성을 제시하고 있다. 생성형 인공지능은 학생들의 창의성을 향상시키고 개인화된 학습 경험을 제공할 뿐만 아니라, 급변하는 디지털 세계에 대비할 수 있는 능력을 개발하는 데도 기여할 수 있다(Fathoni, 2023). 이러한 맥락에서 다양한 연구들이 생성형 인공지능을 활용한 창의적 사고 촉진 사례를 보고하고 있다.

이웅기 등(Lee et al., 2023)은 미술 중심의 융합 수업과 이미지 생성형 인공지능인 스테이블 디퓨전(Stable Diffusion)을 통합해 창의적 문제 해결의 단계를 고려한 창의적 사고 촉진 방법을 제시했다. 이 연구에서는 학생들이 생성형 인공지능을 활용해 발산적 사고와 수렴적 사고를 반복적으로 사용하는 과정을 관찰했다. 구체적으로, 학생들은 생성형 인공지능을 활용하는 동안 다양한 아이디어를 생성하는 발산적 사고 단계와, 생성된 아이디어 중 가장 적합한 것을 선택하고 정교화하는 수렴적 사고 단계를 번갈아서 수행했다. 이러한 과정을 통해 학생들은 더 창의적이고 혁신적인 해결책을 도출할 수 있었으며, 이는 예술 활동에 대한 성별 간 관심 격차를 감소시키는 데도 기여했다.

한편, 첸 등(Chen et al., 2024)은 점진적 프롬프트 기반 이미지 생성 인공지능을 중국 고대 시 학습에 적용해 학습 성취도, 문제 해결 능력, 비판적 사고 등을 향상시킬 수 있음을 보여 주었다. 이 두 연구는 생성형 인공지능을 활용한 창의적 학습 방법이 교육의 다양한 분야에서 효과적으로 적용될 수 있음을 시사한다.

생성형 인공지능의 활용이 실제로 학습자의 창의성을 향상시킬 수 있는지에 대한 실증적 연구도 진행되고 있다. 하빕 등(Habib et al., 2024)의 연구는 챗지피티를 활용한 후 대학생들의 창의적 사고 능력이 향상됨을 AUT (alternative uses test)를 통해 측정했다. 이 연구는 생성형 인공지능 사용 후 유연성, 유창성, 정교성, 독창성 등 모든 창의성 지표가 통계적으로 유의미하게 향상되었음을 보고했다. 이는 생성형 인공지능이 단순히 아이디어 생성을 돕는 도구를 넘어, 학습자의 전반적인 창의적 사고 능력을 향상시킬 수 있는 잠재력을 가지고 있음을 시사한다.

이러한 연구 사례들은 생성형 인공지능이 다양한 교육 맥락에서 창의적 사고를 촉진하는 데 효과적으로 활용될 수 있음을 보여 준다. 특히 생성형 인공지능을 활용한 아이디어 생성, 프롬프트 엔지니어링, 이미지 생성 등의 활동이 학생들의 창의성 향상에 긍정적인 영향을 미치는 것으로 나타났다. 그러나 이러한 기술의 효과적인 활용을 위해서는 교육적 맥락과 윤리적 고려 사항을 충분히 고려해야 할 것이다. 생성형 인공지능은 창의성 촉진을 위한 강력한 도구가 될 수 있지만, 궁극적으로는 이를 어떻게 교육 현장에 통합하고 활용하느냐에 따라 그 효과가 달라질 것이다.

창의성 촉진 도구로서의 생성형 인공지능 전망

생성형 인공지능을 활용한 창의적 사고 신장 교육은 아직 초기 단계에 있으며, 지속적인 발전과 연구가 필요한 분야다. 현재까지의 연구 결과들은 생성형 인공지능이 창의성 촉진에 긍정적인 영향을 미칠 수 있음을 보여 주고 있지만, 이를 더욱 효과적으로 활용하기 위한 방법론과 교육적 접근이 필요하다.

앞으로 생성형 인공지능는 다양한 창의적 사고 신장 교육 방법을 더욱 발전시킬 수 있을 것으로 전망된다. 특히, 생성형 인공지능의 빠른 프로토타이핑 능력은 학습자들이 다양한 사고 실험을 수행할 수 있게 해 주어 창의적 문제 해결 능력을 향상시키는 데 기여할 수 있다. 현재는 주로 이미지와 텍스트 생성에 초점이 맞춰져 있지만, 최근 기술 분야에서는 3D 오브젝트나 게임 등을 생성하는 시도들이 이루어지고 있다. 이러한 기술의 발전은 건축이나 게임 개발 등 창의성이 핵심인 분야에서도 적극적으로 활용될 수 있을 것이다.

또한, 창의성 신장을 위해 다양한 아이디어 촉진을 돕는 챗봇형 도구의 개발도 기대된다. 이러한 도구들은 학습자들이 더 다양하고 혁신적인 아이디어를 생성하도록 지원할 수 있을 것이다. 나아가, 생성형 AI를 활용한 토론 시스템은 학습자의 사고를 더욱 발전시키는 데 기여할 수 있다.

결론적으로, 생성형 인공지능은 창의성 촉진을 위한 강력한 도구로 자리 잡을 잠재력을 가지고 있다. 그러나 이러한 기술의 효과적인 활용을 위해서는 지속적인 연구와 실험, 그리고 교육 현장에서의 신중한 적용이 필요할 것이다. 앞으로 생성형 인공지능이 어떻게 발전하고 교육 현장에 통합되어 학습자들의 창의성을 촉진할 것인지 지켜보는 것은 매우 흥미로운 일이 될 것이다.

참고문헌

Chen, Y., et al.(2024). A progressive prompt-based image-generative AI approach to promoting students' achievement and perceptions in learning ancient Chinese poetry. *Educational technology & society*, 27(2), pp.284-305.

Fathoni, A. F. C. A.(2023). Leveraging generative AI solutions in art and design education: Bridging sustainable creativity and fostering academic integrity for innovative society. In *E3S Web of Conferences*(Vol. 426, p. 01102). EDP Sciences.

Habib, S., et al.(2024). How does generative artificial intelligence impact student creativity?. *Journal of creativity*, 34(1), 100072.

Lee, U., et al.(2023). Prompt Aloud!: Incorporating image-generative AI into STEAM class with learning analytics using prompt data. *Education and information technologies*, pp.1-31.

08
영상 생성 인공지능의 교육적 활용

교육 분야에서 영상 콘텐츠의 중요성이 날로 증가하고 있는 가운데, 인공지능 기술의 발전은 맞춤형 학습 영상 생성의 새로운 지평을 열고 있다. 특히 오픈에이아이의 소라와 같은 최첨단 영상 생성 인공지능의 등장은 교육 콘텐츠 제작 방식에 혁명적인 변화를 예고하고 있다. 본 장에서는 영상 생성 인공지능의 현재 상태와 교육 분야에서의 응용, 그리고 미래 전망에 대해 살펴보고자 한다.

AI와 한의학?

영상 생성 인공지능의 현재와 교육적 활용

최근 영상 생성형 인공지능에 대한 대중들의 관심이 높아지고 있다. 2024년 2월, 오픈에이아이는 영상 생성형 인공지능 소라(Sora)를 발표했는데, 생성된 영상의 품질이 너무 뛰어나서 많은 사람들에게 충격을 주었다. 오픈에이아이에 따르면, 소라는 디퓨전 트랜스포머(diffusion transformer)라는 인공지능 모델 구조를 사용한다. 이 모델은 기체가 확산하는 원리를 적용해 높은 이미지 생성 능력을 보이는 디퓨전 모델과 생성형 인공지능의 대표적인 모델 구조인 트랜스포머를 결합한 형태로 구성된다(Liu et al., 2024).

그러나 오픈에이아이의 소라는 대중적 관심은 불러일으켰지만 이 책이 작성되고 있는 시점인 2024년 중순까지도 대중에게 공개되지는 않고 있다. 소라가 공개되지 않는 동안 여러 영상 생성형 인공지능들이 등장했다. 클링(KLING), 루마 드림 머신(Luma Dream Machine), 런웨이 젠-3(Runway Gen-3) 등이 대표적이다(Kling AI, n.d.; Luma Labs, n.d.; Runway, n.d.). 이러한 인공지능들은 짧은 기간 동안 놀라운 성능 개선을 통해 소라의 데모와 필적하는 영상 생성 능력을 보여 주고 있다. 이러한 도구들에 대중이 접근할 수 있게 되면서, 교육 분야에서도 영상 생성형 인공지능을 활용할 수 있게 되었다.

소라와 같은 강력한 영상 생성형 인공지능의 등장 이전에도 교육용 영상 생성 연구들이 시도되고 있었다. 다오 등(Dao et al., 2021)은 텍스트-음성 변환 및 음성 구동 얼굴 기술을 사용해 학습자에게 인터랙티브하고 개인화된 학습 경험을 제공하는 방법을 제안했다. 이 연구는 기존의 생성형 인공지능 기반 영상 생성 도구가 강사의 업무 부담을 줄이고 학습자의 참여를 높이는 데 기여할 수 있음을 시사한다. 또한, 인공지능을 활용한 영상 추출 시스템은 원격 교육의 품질을 높이고 학습자에게 개인화된 학습 지원을 제공할 수 있다고 보고한 연구도 있다(Gao, 2022). 그러나 기존 영상 생성 연구들이 제시한 방법들은 낮은 품질의 영상을 만들거나, 규칙 기반의 편집 과정과 복잡한 후처리 과정이 수반되었다.

소라와 같은 최신 영상 생성 인공지능은 강력한 영상 생성 능력과 사용 편의성으로 기존 연구의 단점을 보완해 교육 분야에서 학습자 개인에게 맞춤형 교육 컨텐츠를 제공해 줄 수도 있고, 교수자의 강의 준비에 대한 부담을 줄여 줄 수도 있을 것이다.

맞춤형 학습 영상 생성의 미래 전망

개인화된 학습 영상 제공은 영상 생성형 인공지능이 교육 분야에서 가장 주목받는 활용 사례 중 하나다. 학습자 각각의 필요와 수준에 맞춘 개인화된 영상 콘텐츠를 제공함으로써 개별 학습자의 이해도와 흥미를 크게 향상시킬 수 있다. 예를 들어, 특정 주제에 대해 이해도가 낮은 학생에게는 기초부터 자세히 설명하는 영상을 제공하고, 이미 해당 주제에 대한 기초 지식이 있는 학생에게는 심화된 내용을 제공하는 방식으로 학습 효율을 극대화할 수 있다.

실시간 생성 변환 기술을 통해 학습자의 주의 집중력이 떨어질 때 적합하게 영상을 변환해 제공하는 것도 가능할 것이다. 현재 기술로는 아직 초기 단계에 머물러 있지만, 기술의 발전 속도를 고려할 때 향후에는 실시간으로 학습자의 반응을 분석하고 이에 맞춰 영상 콘텐츠를 조정하는 것이 가능해질 것으로 기대된다. 예를 들어, 학습자의 시선이 영상에 있지 않고 다른 곳에 머물러 있어서 학습을 하고 있지 않다고 판단되면, 영상의 내용을 학습자가 평소에 흥미 있어 하는 주제로 실시간 재생성해 학습자를 몰입시키는 방법도 사용할 수 있다. 이는 학습자의 몰입도를 유지하고 학습 효과를 높이는 데 큰 도움이 될 것이다.

플립드 러닝(flipped learning)을 위한 자동 영상 생성 및 제공도 영상 생성형 인공지능의 중요한 활용 사례 중 하나다. 플립드 러닝은 수업 시간에 학생들이 직접 문제를 해결하고 토론할 수 있도록 수업 이전에 영상 등의 자료를 미리 제공하고 사전 학습을 요구하는 교육 방식이다(Karabulut-Ilgu et al., 2018). 영상 생성 도구를 활용하면 학생들이 사전에 학습할 수 있는 고품질의 맞춤형 영상 콘텐츠를 자동으로 생성하고 제공할 수 있다. 이는 교사의 수업 준비 부담을 줄이고, 학생들이 수업 시간에 보다 깊이 있는 학습을 할 수 있도록 지원할 것이다.

마지막으로, 이해가 어려운 개념에 대한 영상을 생성해 학습자의 이해를 촉진하는 것도 가능하다. 복잡한 수학적 개념이나 과학적 원리 등을 시각적으로 설명하는 영상은 학습자가 추상적인 개념을 보다 쉽게 이해할 수 있도록 도울 수 있다. 예를 들어, 미적분학에서 함수의 그래프가 특정 점에 무한히 가까워지는 과정을 시각적으로 보여 줘 극한의 의미를 직관적으로 이해할 수 있게 할 수도 있고, DNA 복제 과정을 설명하기 위해 각 요소들을 의인화해 영화 형태로 만들어서 제공할 수도 있을 것이다.

이처럼 영상 생성형 인공지능은 교육 분야에서 맞춤형 학습 콘텐츠 제공, 실시간 변환, 플립드 러닝 지원, 그리고 복잡한 개념의 시각적 설명 등 다양한 방식으로 활용될 수 있다. 그러나 이러한 기술의 잠재력을 최대한 활용하기 위해서는 윤리적 문제와 기술적 한계를 해결하는 것이 필수적이다. 필터링 시스템과 안전장치를 통해 영상 생성 기술이 안전하고 책임감 있게 사용될 수 있도록 보장해야 하며, 지속적인 연구와 발전을 통해 기술의 신뢰성과 효과성을 높여야 할 것이다. 이를 통해 영상 생성형 인공지능은 교육의 질을 향상시키고, 보다 효율적이고 개인화된 학습 경험을 제공하는 데 기여할 수 있을 것이다.

참고문헌

Dao, X. Q., et al.(2021, March). Ai-powered moocs: Video lecture generation. In *Proceedings of the 2021 3rd International Conference on Image, Video and Signal Processing*(pp. 95-102).

Gao, H.(2022). Online AI-guided video extraction for distance education with applications. *Mathematical problems in engineering,* 2022(1), 5028726.

Karabulut-Ilgu, A., et al.(2018). A systematic review of research on the flipped learning method in engineering education.

British journal of educational technology, 49(3), pp.398–411.

Kling AI.(n.d.). Retrieved July 22, 2024, from https://klingai.org/

Liu, Y., et al.(2024). Sora: A review on background, technology, limitations, and opportunities of large vision models. *arXiv preprint arXiv:2402.17177.*

Luma Labs.(n.d.). Dream Machine. Retrieved July 22, 2024, from https://lumalabs.ai/dream-machine

Runway.(n.d.). Gen-3 Alpha. Retrieved July 22, 2024, from https://runwayml.com/ai-tools/gen-3-alpha/

09
생성형 인공지능 기반 로보틱스의 교육적 활용

생성형 인공지능과 로보틱스의 결합은 현대 기술 혁신의 최전선에 서 있다. 이 두 분야의 융합은 지능적 의사 결정 능력과 물리적 실행 능력이 결합된 시스템을 만들어 내며, 다양한 산업 분야에 혁신적인 변화를 가져올 것으로 기대된다. 교육 분야에서도 이러한 기술의 결합은 큰 변화를 가져올 것으로 생각된다. 본 장에서는 이러한 기술 결합이 교육에 미치는 영향, 현재의 활용 사례, 그리고 미래 전망에 대해 자세히 살펴보고자 한다.

AI와 화장품?

생성형 인공지능과 로보틱스의 교육적 활용 사례

최근 산업계에서는 생성형 인공지능, 특히 대형언어모델 기술을 로보틱스에 적용하는 시도들이 활발히 이루어지고 있다. 이러한 로봇은 대형 언어 모델이 스스로 상황을 인식(perceive)·계획(planning)·행동(action)하는 역할을 수행하면서 로보틱스 관련 연구를 한층 더 촉진하고 있다.

대형 언어 모델을 통해 로봇은 주변 환경을 더욱 정확하게 인식할 수 있게 되었다. 구글의 PaLM-E(Driess et al., 2023)는 시각적 정보와 언어적 정보를 동시에 처리하여 상황을 종합적으로 이해하고, 이를 바탕으로 적절한 판단을 내릴 수 있게 되었다. RT-2(Brohan et al., 2023)는 이러한 판단을 바탕으로 로봇이 복잡한 작업을 계획하고 실행할 수 있게 했다. 이는 단순히 미리 프로그래밍된 동작을 수행하는 것이 아니라, 상황에 따라 유연하게 대응하고 새로운 해결책을 찾아내는 능력을 의미한다. 그렇다면 교육 분야에서 로봇 연구는 어떻게 이루어지고 있을까?

AI 로봇을 활용한 교육(AIRE) 연구는 2019년부터 2021년 사이에 크게 증가했으며, 주로 13세 이하의 학생들을 대상으로 이루어졌다. 이는 인공지능 로봇이 어린 학습자들의 호기심을 자극하고 학습 동기를 높이는 데 효과적일 수 있음을 시사한다(Chu et al., 2022).

AIRE 연구에서 인공지능 로봇은 주로 '튜터'나 '튜티'의 역할을 수행했다. 튜터로서의 인공지능 로봇은 개별화된 학습 지도와 즉각적인 피드백을 제공할 수 있었고, 튜티로서는 학습자가 로봇을 가르치는 과정에서 학습 내용을 더 깊이 이해할 수 있도록 도왔다. 예를 들어, 인공지능 로봇 팔을 조작하는 방법을 배우는 과정에서 학습자에게 개인화된 지도와 피드백을 제공하는 AI 튜터 시스템의 효과를 보여 주는 것이다(Fournier-Viger et al., 2013).

AIRE 연구는 주로 언어와 과학 분야에서 이루어졌다. 언어 학습에서 인공지능 로봇은 자연어 처리 기술을 활용해 학습자와 실시간으로 상호 작용하며 언어 능력을 향상시키는 데 도움을 주었다. 과학 분야에서는 복잡한 과학적 개념을 시각화하고 실험을 보조하는 역할을 수행했다.

이제 생성형 인공지능과 로보틱스의 결합과 관련된 최신 연구들이 많아지면서, 이러한 발전은 교육용 로봇에도 큰 영향을 미칠 것으로 예상된다. 대형 언어 모델과 로보틱스의 결합은 교육용 로봇에 더욱 자연스러운 언어 이해와 생성 능력, 상황 인식 능력, 유연한 문제 해결 능력을 부여할 수 있다. 이를 통해 교육용 로봇은 학습자와 더욱 깊이 있는 상호 작용을 할 수 있게 되어, 개별화된 학습 경험을 제공하고 학습 효과를 극대화할 수 있을 것이다.

생성형 AI와 로보틱스 결합의 교육적 미래 전망

생성형 AI와 로보틱스의 결합은 교육 분야에 혁명적인 변화를 가져올 것으로 전망된다. 이러한 기술의 발전은 단순히 기존 교육 방식을 보조하는 수준을 넘어, 교육의 패러다임 자체를 변화시킬 잠재력을 가지고 있다. 특히, 로봇의 인식 · 계획 · 행동 능력이 고도화되면서 교육 환경에서의 역할이 더욱 확대될 것으로 예상된다.

첫째, 개인화된 학습 경험이 더욱 고도화될 것이다. 대형 언어 모델을 탑재한 교육용 로봇은 각 학생의 학습 스타일, 속도, 강점과 약점을 정확히 파악하고, 이에 맞춘 최적의 학습 경로를 제시할 수 있을 것이다. 더 나아가, 로봇은 학습 내용에 따라 적절한 제스처나 움직임을 통해 학습 효과를 높일 수 있을 것이다. 예를 들어, 언어 학습 시 관련된 동작을 시연하거나, 과학 실험을 직접 수행하는 등의 행동을 통해 학습 내용을 더욱 생생하게 전달할 수 있다.

둘째, 실시간 적응형 교육이 가능해질 것이다. 로봇은 학생의 표정, 목소리, 행동 패턴 등을 분석해 실시간으로 학생의 이해도와 감정 상태를 파악하고, 이에 따라 즉각적으로 교육 방식을 조정할 수 있을 것이다. 예를 들어, 학생이 어려워하는 부분을 감지하면 즉시 추가 설명을 하거나, 실제 물체를 조작하거나 시각적 보조 자료를 제시하는 등의 행동을 통해 이해를 돕는다.

셋째, 협력 학습의 새로운 형태가 등장할 것이다. 로봇은 학생들 간의 협력을 촉진하는 중재자 역할을 할 수 있으며, 때로는 협력 학습의 참여자로서 학생들과 함께 문제를 해결하는 과정에 참여할 수 있을 것이다. 이는 학생들의 사회적 기술과 팀워크 능력을 향상시키는 데 기여할 것이다. 로봇은 그룹 활동 중 각 학생의 참여도를 모니터링하고, 필요시 특정 학생에게 발언 기회를 주거나 토론을 조율하는 등의 행동을 통해 균형 잡힌 협력 학습을 지원할 수 있다.

넷째, 특수 교육 분야에서 큰 진전이 있을 것이다. 고도로 개인화된 접근이 가능한 로봇은 특수 교육 대상 학생들의 개별적인 요구에 더욱 효과적으로 대응할 수 있을 것이다. 학습자를 안아 주는 등의 감정적 행동 반응, 또는 특정 교구의 조작 등 다양한 물리적 상호 작용을 통해 특수 교육 상황을 보다 효과적으로 지원할 수 있을 것이다.

결론적으로, 생성형 인공지능과 로보틱스의 결합은 교육의 미래를 재정의할 수 있는 강력한 잠재력을 가지고 있다. 이 기술은 개인화된, 적응적이고 포괄적인 학습 경험을 제공함으로써 교육의 효과성과 접근성을 크게 향상시킬 수 있다. 로봇의 인식 · 계획 · 행동 능력이 고도화됨에 따라, 학습자와의 상호 작용은 더욱 자연스럽고 효과적으로 변화할 것이다. 그러나 이러한 기술의 도입은 신중하게 이루어져야 하며, 기술과 인간의 장점을 균형 있게 결합하는 방식으로 진행되어야 할 것이다. 이를 통해 우리는 모든 학습자들이 자신의 잠재력을 최대한 발휘할 수 있는 미래의 교육 환경을 만들어 갈 수 있을 것이다.

참고문헌

Brohan, A., et al.(2023). Rt-2: Vision-language-action models transfer web knowledge to robotic control. *arXiv preprint arXiv:2307.15818.*

Chu, S. T., et al.(2022). Artificial intelligence-based robots in education: A systematic review of selected SSCI publications. *Computers and education: Artificial intelligence*, 3, 100091.

Driess, D., et al.(2023, July). PaLM-E: an embodied multimodal language model. In *Proceedings of the 40th International Conference on Machine Learning*(pp. 8469-8488).

Fournier-Viger, P., et al.(2013). A multiparadigm intelligent tutoring system for robotic arm training. *IEEE transactions on learning technologies*, 6(4), pp.364-377.

10

생성형 인공지능의 윤리적 활용

생성형 인공지능 기술의 급속한 발전과 함께 이의 윤리적 활용에 대한 논의가 활발히 이루어지고 있다. 특히 교육 분야에서 생성형 인공지능의 활용이 증가함에 따라, 윤리적 고려 사항과 대응 방안에 대한 관심이 높아지고 있다. 본 장에서는 생성형 인공지능의 윤리적 문제와 이를 해결하기 위한 기존의 시도들을 살펴보고, 교육 분야에서의 윤리적 인공지능 활용을 위한 미래 전망에 대해 논의하고자 한다.

종교와 AI?

생성형 인공지능의 윤리적 문제와 해결 시도

최근 생성형 인공지능의 급속한 발전과 교육 현장에서의 활용이 확대되면서, 이러한 윤리적 고려 사항들은 더욱 복잡하고 중요한 문제로 대두되고 있다. 생성형 인공지능은 단순한 도구를 넘어 교육적 대화의 참여자로 진화하고 있으며, 이에 따라 우리는 이들의 윤리적 사용에 대해 더욱 신중하게 고민할 필요가 있다(Sharples, 2023).

생성형 AI의 교육적 활용에서 가장 중요한 윤리적 문제 중 하나는 표절이다. 챗지피티와 같은 도구를 통해 학생들이 과제를 부적절하게 수행하거나 표절을 할 가능성이 증가했다(Su & Yang, 2023). 예를 들어, 학생들이 에세이 작성이나 프로그래밍 과제에서 생성형 인공지능의 도움을 받아 자신의 능력을 넘어서는 결과물을 제출할 수 있다. 이는 단순히 학생 개인의 문제를 넘어 교육 시스템 전체의 신뢰성을 위협할 수 있는 문제다. 더욱이, 현재의 표절 감지 시스템으로는 지속적으로 발전하는 생성형 인공지능이 생성한 콘텐츠를 정확히 식별하기 어렵다는 점에서 문제의 심각성이 더해진다.

두 번째로 중요한 윤리적 문제는 생성형 인공지능이 생성하는 정보의 정확성과 신뢰성이다. 인공지능 모델이 때로는 사실이 아닌 정보를 생성하거나, 편향된 결과를 제시할 수 있기 때문이다. 챗지피티는 때때로 환각을 일으켜 존재하지 않는 정보를 사실인 것처럼 제시하기도 한다. 교육 환경에서 이는 학생들에게 잘못된 정보를 전달하거나 편향된 관점을 주입할 위험이 있다. 예를 들어, 역사적 사실이나 과학적 개념에 대해 인공지능이 잘못된 정보를 제공할 경우, 이를 무비판적으로 수용한 학생들의 학습에 심각한 악영향을 미칠 수 있다(Sharples, 2023).

세 번째 주요 윤리적 문제는 개인 정보 보호와 데이터 보안이다. 생성형 인공지능은 사용자의 데이터를 수집하고 처리하는 과정에서 개인 정보 침해의 위험을 내포하고 있다(Farrelly & Baker, 2023). 교육 환경에서 이는 특히 민감한 문제가 될 수 있다. 학생들의 학습 데이터, 개인적인 질문이나 고민 등이 시스템에 입력되고 저장될 수 있기 때문이다. 예를 들어, 학생과 생성형 인공지능이 나눈 대화 내용이 제3자에게 유출될 수 있고, 학생의 학습 데이터가 생성형 인공지능의 학습을 위해 무차별적으로 활용되거나 상업적 목적으로 활용될 위험이 있다.

교육 분야에서의 윤리적 AI 활용 전망

이러한 윤리적 문제들에 대응하기 위해, 교육계와 기술업계는 다양한 해결책을 모색하고 있다. 먼저, 표절 문제에 대응하기 위해 생성형 인공지능 감지 도구의 개발이 활발히 이루어지고 있다. 그러나 현재의 생성형 인공지능 감지 도구들은 여전히 높은 오류율을 보이고 있어 신중한 접근이 필요하다(Sadasivan, 2023). 이에 따라 일부 교육 기관에서는 생성형 인공지능 사용을 전면 금지하는 대신, 이를 적극적으로 활용하면서도 윤리적 사용을 강조하는 방향으로 정책을 수립하고 있다.

정보의 정확성과 신뢰성 문제를 해결하기 위해서는 AI 리터러시 교육의 강화가 필요하다. IDEE 프레임워크(Su & Yang, 2023)는 이러한 접근의 좋은 예시가 될 수 있다. 이 프레임워크는 학생들이 생성형 인공지능 도구를 비판적으로 평가하고 활용할 수 있는 능력을 기르는 데 초점을 맞추고 있다. 또한, AI 개발자들도 모델의 투명성을 높이고 설명 가능한 인공지능(explainable AI, xAI)를 개발하는 데 주력하고 있다. 심층 학습 이후의 인공지능은 대량의 데이터로 엄청나게 많은 신경망을 최적화하기 때문에 그 내부 구조를 인간이 해석하기 어렵다는 특성이 있다. 그러나 최근 발달하고 있는 설명 가능한 인공지능 기술들은 심층 학습 기반의 인공지능 내부를 어느 정도까지 확인하는 데 성과를 보이고 있다. 대표적으로 오픈에이아이와 쌍벽을 이루는 인공지능 회사인 엔스로픽(Anthropic)은 슈퍼포지션 가설(superposition hypothesis)를 발표했는데, 이는 인공지능의 신경망 특정 부분을 관찰할 수 있는 기술이다(Elhage et al., 2022). 이러한 기술을 활용한다면 향후 교육을 위해 개발된 인공지능이 어떤 특성을 가지고 있고 어떠한 문제가 있는지 투명하게 공개할 수도 있을 것이다.

개인 정보 보호와 데이터 보안 문제에 대해서는 법적 · 기술적 대응이 동시에 이루어지고 있다. 예를 들어, 유럽연합의 AI 법안은 교육 분야에서의 AI 사용에 대한 엄격한 규제를 도입하고 있으며, 이는 전 세계적으로 영향을 미칠 것으로 예상된다(DOWN & ACT, 2021). 기술적으로는 데이터가 탈중앙화된 상황에서 전체 인공지능을 학습하는 연합 학습(federated learning)이나 이미 학습된 지식을 잊게 만드는 언러닝(unlearning) 같은 기술을 활용해서 프라이버시 보호하려는 연구들이 이루어지고 있다(Bourtoule et al., 2021; Li et al., 2020).

장기적으로는 인공지능 윤리를 교육 과정에 통합하는 움직임이 확대될 것으로 보인다. 샤플스(Sharples, 2023)

가 제안한 '사회적 생성형 인공지능' 개념은 인공지능을 단순한 도구가 아닌 교육적 대화의 참여자로 인식하고, 이에 맞는 윤리적 프레임워크를 개발하는 데 중요한 시사점을 제공한다. 이를 통해 학생들은 인공지능과의 상호 작용 과정에서 윤리적 판단력을 기르고, 인공지능을 책임감 있게 활용하는 방법을 학습할 수 있을 것이다.

결론적으로, 생성형 인공지능의 교육적 활용에 따른 윤리적 문제들은 단기간에 해결되기 어려운 복잡한 과제들이다. 그러나 이러한 도전은 동시에 교육의 본질과 목적을 재고하고, 더 나은 교육 시스템을 구축할 수 있는 기회이기도 하다. 앞으로 교육계, 기술 업계, 정책 입안자들의 긴밀한 협력을 통해 생성형 인공지능의 잠재력을 최대한 활용하면서도 윤리적 가치를 지켜나가는 균형 잡힌 접근이 필요할 것이다.

참고문헌

Bourtoule, L., et al.(2021, May). Machine unlearning. In *2021 IEEE Symposium on Security and Privacy(SP)*(pp. 141–159). IEEE.

DOWN, L., & ACT, I. (2021). Proposal for a Regulation of the European Parliament and of the Council laying down harmonised rules on Artificial Intelligence (Artificial

Intelligence Act) and amending certain Union legislative acts.
Elhage, N., et al.(2022). Toy models of superposition. *arXiv preprint arXiv:2209.10652.*
Farrelly, T., & Baker, N.(2023). Generative artificial intelligence: Implications and considerations for higher education practice. *Education sciences*, 13(11), pp.1109-1122.
Li, L., et al.(2020). A review of applications in federated learning. *Computers & industrial engineering*, 149, 106854.
Sadasivan, V. S., et al.(2023). Can AI-generated text be reliably detected?. *arXiv preprint arXiv:2303.11156.*
Sharples, M.(2023). Towards social generative AI for education: Theory, practices and ethics. *Learning: Research and practice*, 9(2), pp.159-167.
Su, J., & Yang, W.(2023). Unlocking the power of ChatGPT: A framework for applying generative AI in education. *ECNU review of education*, 6(3), pp.355-366.

이웅기

글로벌 에듀테크 회사인 에누마(Enuma, Inc.)의 AI 엔지니어이자 연구원이다. 고려대학교 컴퓨터학과 컴퓨터교육 전공으로 박사 수료하였으며, 박사 졸업을 앞두고 있다. 서울대학교 교육학과 교육공학 전공으로 석사 졸업했다(2019~2021). 충청남도교육청 소속 초등교사로 근무한 경력이 있다(2015~2022, 휴직포함). 주요 저서로 『AI시대, 교사는 살아남을 것인가』(2021, 공저)가 있다. 연구 관심사는 교육에서의 생성형 인공지능 활용, 지식 추적 모델 개발, 대형 언어 모델, 그리고 학습 분석이다. "Few-shot is enough: Exploring ChatGPT prompt engineering method for automatic question generation in english education"(2023)과 "Difficulty-focused contrastive learning for knowledge tracing with a large language model-based difficulty prediction"(2024) 같은 연구를 포함해 총 10편 이상의 논문을 KCI, SSI, SSCI급 교육학 저널과 국제 인공지능 분야 컨퍼런스에 발표했다.